MANUEL

DES

DOUANES RUSSES

DE L'ANNÉE 1850

COMPARÉ A CELUI DE 1841

PRIX : 2 FR. 50 CENT.

Paris

IMPRIMERIE D'AUBUSSON ET KUGELMANN,

7, rue Feydeau, 7

1851.

MANUEL DU TARIF

DES

DOUANES RUSSES

DE L'ANNÉE 1850

COMPARÉ A CELUI DE 1841.

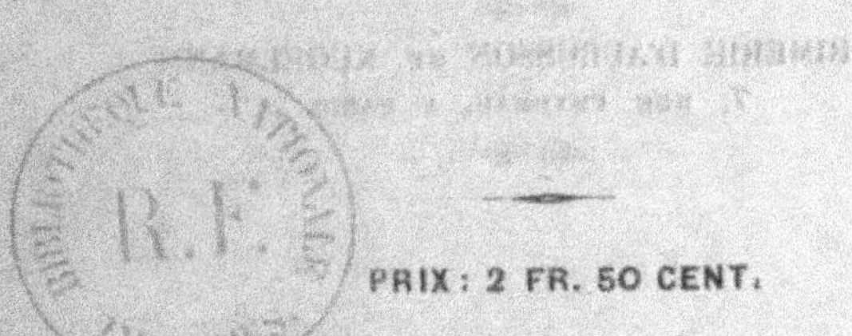

PRIX: 2 FR. 50 CENT.

Paris

IMPRIMERIE D'AUBUSSON ET KUGELMANN,

7, rue Feydeau, 7.

1851.

IMPRIMERIE D'AUBUSSON et KUGELMANN,
7, RUE FEYDEAU, A PARIS.

A. MARCHANDISES D'IMPORTATION.

B.

Nos d'après le nouv. tarif	DÉNOMINATION DES MARCHANDISES.		Droits d'entrée d'après les tarifs	
			de 1850 Rbl. C.	de 1841 Rbl. C.
	SECTION 1.			
	Matières alimentaires.			
52	BOISSONS.—Arack, rhum et eau-de-vie de France (1)	l'ancre	18 50	28 70
43	cidre de pommes et de poires.	l'oxhoft.	24 »	48 »
2	EPICERIE. — Semences de coriandre, de badiane, de cumin et de pivoine.	le poud.	» 40	1 20
5	ainsi que moutarde en farine.	la livre	» 5	» 20
	et moutarde préparé (2).	»	» 20	» 50
14	canelle et fleurs de canelle, *par terre*.	le poud.	5 »	5 »
15	clous de girofle, *par terre*.	»	5 »	7 50
16	galanga, *par mer*.	»	1 »	1 10
	» *par terre*.	»	» 60	1 10
	» *pilé*.	»	» »	2 20
17	gingembre de toute couleur, *par mer*	»	2 »	2 50
	» » *par terre*	»	1 50	2 50
17	» râpé et râclé.	»	» »	3 »
15	noix de muscade	»	7 50	9 »
—	ainsi que fleurs de muscade, *par mer*.	»	7 50	10 »
	» » *par terre*.	»	5 »	10 »
17	piment ou poivre de la Jamaïque, *par terre*.	»	1 50	2 »
15	poivre de toute autre espèce, *par terre*.	»	2 »	3 20
15	poivre pilé, *par terre*.	»	2 »	4 »
	» *par mer*.	»	3 20	4 »
11	toutes sortes de pains d'épices.	»	6 »	24 »
70	FRUITS. — Ananas.	la pièce	» 20	» 30
18	cacao en fèves et en coques, *par terre*.	le poud.	2 »	3 »
75	cerises, prunes, pommes et toute autre espèce de fruits et de baies, frais, salés et trempés, *par mer* (3).	la tonn. de 2 ancr.	1 20	1 60
1	coings (conserve de —).	le poud	» 40	» 60
70	fruits de toutes sorte en marmelade; de même : pâte de fruits (pastila) *par mer*.	la livre	» 30	» 50
	» » *par terre*.	»	» 5	» 50
78	fruits et baies secs de toute sorte (sauf le raisin de Corinthe) PAR LES PORTS DE LA BALTIQUE			

(1) Arack, rhum et eau-de-vie de France, *importés par mer*, payent moitié en sus, quand ils dépassent 10 deg. de force, et le double, quand leur force est au-dessus de 15 deg.

(2) La moutarde préparée est pesée avec le vase. Pour les graines de moutarde on prélève le droit ancien (25 cop. par poud)

(3) Les mêmes fruits importés par les douanes de terre sont affranchis de droits.

Nos d'après le nouv. tarif	DÉNOMINATION DES MARCHANDISES.		Droits d'entrée d'après les tarifs. de 1850 Rbl. C.	de 1841 Rbl. C.
	« ET DE LA MER BLANCHE (1)	le poud.	1 40	1 85
80	« de toute sorte à l'eau-de-vie.	la livre	» 20	» 35
	« de même : au vinaigre-marinés.	»	» 20	» 70
75	noix et noisettes, avelines et autres fruits semblables, *par terre*.	le poud.	» 60	» 75
77	noyaux de pêches, châtaignes, noix de cocos et caroubes	»	» 60	jusqu'à » 90
46	olives vertes et sèches, *par mer*.	»	1 60	2 60
	« « *par terre*.	»	1 20	2 60
78	raisin de Corinthe (2).	»	» 70	1 85
5	raisiné ordinaire.	»	» 40	» 60
29	Huile d'olives, en tonneaux, *par terre*.	»	1 25	1 85
29	» » en vaisselles de terre-glaise et en flacons, *par mer*.	»	1 85	4 »
	» » *par terre*.	»	1 25	4 »
62	Jus de grenades et de tomates.	»	» 40	» 60
62	Jus de sureau et de groseilles.	»	» 40	4 »
30	Miel brut et mélasse de miel.	»	1 »	2 »
28	PROVISIONS DE BOUCHES. — Beurre de vache et de brebis, *par mer*.	»	2 »	5 80
7	champignons, mousserons et truffes, *par mer*	»	2 »	6 50
64	fromage, *par terre*	»	4 »	5 »
45	légumes et autres plantes potagères, au sel, au vinaigre ou trempés.	»	6 »	24 »
10	» ainsi que pommes de terre, *par mer*.	le tchetv.	» 20	» 60
50	poissons de toute espèce, salés, fumés, marinés, etc.	le poud.	1 »	2 50
49	» (œufs de —), ou caviar de toute sorte.	»	2 »	6 »
4	vermicelle.	»	1 50	4 60
	» et macaroni de toute espèce.	»	1 50	3 »
31	viandes salées, fumées et séchées, ainsi que saucissons, *par mer*.	»	2 »	5 60
	» *par terre*	»	» 60	5 60
48	volaille vivante, *par mer*.	la pièce	» 5	» 50
24	Sucreries et confitures de toute espèce.	la livre	» 30	» 90
	ainsi que chocolat de toute sorte, *par mer*.	»	» 30	1 20
	» » *par terre*.	»	» 20	1 20
43	Vinaigre de vin.	l'oxhoft.	24 »	35 »
44	» de table (EN BOUTEILLES).	la bout.	» 30	» 45

SECTION 2.

Matières premières et divers articles à usage des fabriques, manufactures, usines et métiers.

A) SUBSTANCES MINÉRALES.

96	Borax brut.	le poud	1 »	1 50

(1) Quand ces fruits sont importés par les ports, ainsi que par terre, ils ne payent que 95 cop. par poud.

(2) Pour le raisin de Corinthe, importé par les douanes de terre ou par les ports du Danube et des mers Noire et d'Azoff, on ne prélève que 47 1/2 cop. par poud.

Nos d'après le nouv. tarif.	DÉNOMINATION DES MARCHANDISES.		Droits d'entrée d'après les tarifs.	
			de 1850 Rbl. C.	de 1844 Rbl. C.
96	Borax raffiné (tincal)	le poud.	1 »	3 »
189	Carbonate de potasse dépuré	»	1 60	1 80
196	Chlorure de chaux	»	» 80	2 »
188	» de potasse	»	2 50	10 »
188	Chromate de potasse	»	2 50	5 »
123	COULEURS MINÉRALES ET MÉTALLIQUES. — blanc d'argent ou céruse d'Angleterre, etc.	»	1 »	1 50
123	bleu de Prusse	»	5 50	10 »
144	» d'outremer naturel	la livre	1 »	7 50
145	» » factice	»	» 10	» 50
146	brun rouge (oxide de fer), colcothar ou vitriole rubifié	le poud.	» 20	» 60
	ainsi que Schuttgelb	»	» 20	» 35
143	minium (oxide de plomb rouge)	»	» 40	1 80
122	pourpre de cassius et autres de ce genre	la livre	» 75	2 50
141	scories (cendre de plomb)	le pond.	1 60	3 80
141	sel d'étain et sel de plomb (sel de saturne) et tout oxide métallique	»	1 60	1 80
138	toutes les couleurs métalliques et minérales non dénommées spécialement	»	1 60	jusqu'à 5 »
149	vert de gris de Venise	»	6 »	8 »
150	Couperose verts et noire, vitriol martial et substances qui en dérivent (1)	»	» 60	{ » 85 / 2 30
177	Ecume de mer brute (2)	»	» 20	10 »
171	Emeri en poudre	»	» 10	» 30
	» et pierre-ponce	»	« 10	» 15
177	ainsi que pâtes à enduire les cuirs à rasoirs et à polir les métaux	»	» 20	100 »
102	Jais ou ambre noire	»	1 20	16 «
166	MÉTAUX. — Acier de toute espèce, non ouvré	»	» 75	1 25
177	cobalt de toute espèce (sauf lazure de cobalt qui paie 60 cop. par poud)	»	» 20	5 »
162	étain de toute espèce, en saumons	»	» 30	» 60
162	» » » en feuilles, ainsi que tain (amalgame de miroitier) (3)	»	» 30	1 80
157	fer forgé, *par terre*	»	» 50	1 38
158	» de fonte, *par terre*	»	» 50	1 38
165	litharge fraîche et litharge d'argent	»	» 20	» 30
163	mercure ou vif-argent	»	2 40	2 80
183	Mica ou verre de Moscovie	»	2 »	28 »
175	Potasse et perlasse	»	» 20	» 30
177	Poudre à bronzer	»	» 20	5 60
188	Prussiate de potasse	»	2 50	10 »
172	Sel ammoniac, raffiné	»	1 »	2 35

(1) Sur les couperoses blanche et de Saltzbourg le droit ancien (1 rouble 15 cop. par poud. n'est pas modifié.

(2) A cet article est assimilé l'ambre jaune ou le succin (sans exception de celui d'une couleur jaune diversement nuancée ou bien d'une couleur blanchâtre et brunâtre.)

(3) Le tain est imposé d'un droit de 4 rbls. par poud.

Nos d'après le nouv. tarif.	DÉNOMINATION DES MARCHANDISES.		Droits d'entrée *d'après les tarifs.*	
			de 1850	de 1841
			Rbl. C.	Rbl. C.
172	Sel ammoniac non raffiné.	le poud.	1 »	1 20
193	Soude (natrum carbonicum).	»	» 20	» 30
185	Soufre brut et natif.	»	» 5	» 6
186	» épuré, en bâtons; et fleurs de soufre.	»	» 10	» 20
	B) PRODUITS VÉGÉTAUX.			
128	BOIS, HERBES, ᴇᴛᴄ., POUR TEINTURE. — Bois de teinture, moulus (1)	»	» 20	» 35
148	» » (extraits de —).	»	2 50	3 50
139	» carthame et orléan (roucou).	»	» 40	» 75
153	» curcuma (racine de —) ou terre mérite.	»	» 20	» 50
134	» » en poudre.	»	» 30	» 60
104	» gomme-gutte (2).	»	1 80	2 50
129	» indigo moulu..	»	3 50	5 »
107	» exotiques, comme l'acajou, l'ébène, etc., y compris les bois odorants non moulus.	»	1 »	1 45
108	» sciés en feuilles.	»	1 »	3 50
116	» odorants moulus.	la livre	» 15	» 40
113	» jantes et rayons de roues (3)	la cent.	» 50	1 20
208	Chardons à carder.	le poud.	» 20	» 70
92	Coton filé blanc (4)	»	5 »	6 50
94	» rouge d'Andrinople.	»	11 »	15 20
95	» de couleur, ou bien mélangé de fils blancs et de fils de couleurs tordus ensemble.	»	6 »	8 »
95	» mèches de coton de toutes sortes.	»	5 »	6 50
	» ainsi que fils d'orties.	»	5 »	10 »
155	Farine de pommes de terre et amidon blanc (5)	»	» 50	1 »
154	Fil tordu de lin, de chanvre, d'étoupe, de chanvre et de chanvre mâle, fil de chaînettes à tisser, blanchi et écru: non teint.	»	3 »	4 80
	» » » teint.	»	5 »	7 20
177	Gomme commune (kamed).	»	» 20	» 35
177	Herbes, fleurs et racines odorantes pour cosmétiques..	»	» 20	2 »
156	Huiles parfumées de toute espèce.	la livre	1 »	2 70
182	» térébenthine..	le poud.	1 20	2 10
	» et térébentine de toute sorte.	»	1 20	2 »
155	» cuite, pour la peinture.	»	1 85	2 35
157	» vernis à l'huile.	la livre	» 15	» 50
184	Jus de citrons.	le fût de 2 oxhofts	2 »	4 50
194	» » ainsi que acide oxalique et sel d'oseille.	le poud.	8 »	40 »
177	Mastic blanc et gris.	»	» 20	1 15
177	Noix de galle.	»	» 20	» 40
97	Ouate de coton.	»	4 »	14 »

(1) Les mêmes en bûches et en petits billots ne paient que 8 cop. par poud.
(2) Le même article concerne le copal et la sandaraque, ainsi que les gommes adragante et arabique (y compris celle du Sénégal).
(3) Toute autre marchandise forestière est affranchie de droits.
(4) Sur le coton en laine, l'ancien droit de 25 cop. par poud. est maintenu.
(5) À cet article sont assimilés: la poudre à cheveux sans odeur et l'arrow-root.

Nos d'ap. es le nouv. tarif.	DÉNOMINATION DES MARCHANDISES.		Droits d'entrée d'après les tarifs.	
			de 1850 Rbl. C.	de 1841 Rbl. C.
177	Paille nettoyée, non ouvrée.	le poud.	» 20	12 »

C) PRODUITS D'ANIMAUX.

Nos	DÉNOMINATION DES MARCHANDISES.		de 1850 Rbl. C.	de 1841 Rbl. C.
101	Cheveux non ouvrés (1)	la livre	» 20	6 90
103	Colle forte (2)	le poud.	» 9	1 20
118	» de poissons, ainsi que gélatine.	»	6 »	15 »
177	Cornes de cerf moulues.	»	» 20	1 80
177	Duvet d'eyder (édredon).	»	» 20	15 »
177	» d'autres oiseaux.	»	» 20	8 »
200	Écaille de tortues, non ouvrée (3)	la livre	» 20	» 50
187	Fanons de baleine, purifiées (4)	»	» 10	» 40
206	Laine de brebis, écrue et tapée.	le poud.	» 20	2 »
206	» » teinte, non filée.	»	2 »	6 50
207	» filée de toute sorte, blanche et teinte : a) pour fabriques de draps et de tapis, ainsi que laine à coudre, à tricoter et à broder et pour ouvrage de passementerie.	»	12 »	17 25
	» b) filée, peignée, pour la fabrication des mérinos, teinte et non teinte.	»	»	{ 8 60 / 8 » }
	» peignée pour camelots, etc., teinte et non teinte.	»	»	{ 4 30 / 4 » }
	» poil de chameau non tordu, teint.	»	»	4 70
	» » » » ou bien tordu, teint, ainsi que mélangé de soie et de coton.	»	»	5 »
	» » » » par mer.	»	4 »	»
	» » » » par terre.	»	3 »	»
174	Nacre de perle, non ouvrée.	»	2 »	6 »
177	Os d'animaux, communs de toute espèce, MOULUS ET CALCINÉS; os et dents de morses et de poissons de toute espèce, d'éléphant (ivoire) et de mammouth, en morceaux et en feuilles pour la peinture et pour touches de clavier.	»	» 20	{ 1 80 / » 50 / 80 / 2 50 } 3 30
98	Ouate de soie.	»	12 »	100 »
119	Peaux préparées de toute sorte.	la livre	» 25	1 »
177	» de poissons.	le poud.	» 20	3 20
201	Soie écrue et bourre de soie, non teintes (5)	»	1 »	2 60
122	SUBSTANCES COLORANTES. — Carmin (6)	la livre	» 75	2 »
150	cochenille ordinaire et ammoniacale.	le poud.	6 »	8 »
120	kermès en graines (7)	»	» 80	4 »
135	laque (lac-dye) (8)	»	1 50	3 50

(1) Les cheveux ouvrés paient 2 rbls. par livre (auparavant 10 r. 50 cop.)
(2) Sont assimilés à cet article : l'harpoix ou le brai gras et le galipot.
(3) Pour l'écaille de tortues ouvrés, voyez l'article « Ouvrages au tour, » page 20.
(4) Quant aux mêmes ouvrés, voyez page 15.
(5) Sur la même soie écrue, ainsi que sur celle préparée, les droits restent comme par le passé. Voy. Liste II, page 28.
    A cet article sont assimilées les laques carminée et de Florence et toutes autres non dénommées séparément.
(6) Le même droit est prélevé : sur la graine d'Avignon et le still de grain, de même sur les baies de nerprun cathartique et sur le vert de vessie.
(7) L'orseille d'Écosse (le cudbeard ou persio), qui est assimilée à cet article, paye le même droit qu'autrefois (c'est-à-dire 1 r. 50 c. par poud).

Nos d'après le nouv. tarif	DÉNOMINATION DES MARCHANDISES.		Droits d'entrée d'après les tarifs.	
			de 1850 Rbl. C.	de 1841 Rbl. C.

SECTION 3.

Produits de fabriques, manufactures, usines et métiers.

1.) ÉTOFFES DE TOUTE ESPÈCE.

Remarque générale. Toute sorte de tissus mélangés de soie et de laine, doit être assimilée aux articles respectifs de *soieries ou des étoffes de laine*, pour les tissus de soie mélangée d'une autre matière textile, voy. une observation faite à l'article *Soieries*, pag. 8.

Quant aux tissus dont la trame et la chaîne est la même, mais qui sont pourvus de divers petits ornements (tel que des raies étroites, des mouches ou d'autres semblables) brochés ou brodés en laine ou en soie, ils paient 30 0/0 en sus des droits établis pour ces tissus (1).

No	Dénomination	Unité	de 1850	de 1841
220	COTONNADES. — De toute sorte écrues, blanches, unies et avec des dessins, ainsi que teintes d'une seule couleur; contenant dans la livre jusqu'à 10 archines carrées.	la livre	» 48	blanches 83 cop. teintes 1 rbl. 83 cop. demi-transparentes 2 rbls. 75 cop.
223	renfermant plus de 10, mais pas au-delà de douze et demi archines carrées.	»	» 80	
225	contenant plus de 12 et demi archines carrées.	»	1 CC	
221	les mêmes bariolées, renfermant jusqu'à 10 archines carrées dans la livre.	»	» 75	bariolées 2 r. 50 c. demi-tran- 3 r. 80 c.
224	et plus de 10, mais pas au-delà de 12 et demi archines carrées.	»	1 »	
226	contenant plus de 12 et demi archines carrées.	»	1 60	
230	cotonnades avec appliques de toute sorte, tissées et brochées, avec et sans broderie, ainsi que taillées pour robes.	»	3 »	3 50 jusqu'à 7 20
220	manchester blanc.	»	» 48	» 83
222	manchesters, velverettes et toute sorte de cotonnades à tissure ferme, estampées, blanches, d'une seul couleur et bariolés.	»	1 »	» 83 1 83 2 56
231	mouchoirs et châles tissés à l'instar des tapis, de coton pur, de différentes couleurs, imitations de ceux de Turquie et de Cachemire (2)	»	2 50	9 45
232	bas, bonnets de nuit, gants, ainsi que caleçons et camisoles BRODÉS et NON-BRODÉS.	»	» 60	» 82 1 25
233	canevas.	»	1 »	2 50

(1) Sont exclus de cette catégorie : 1° les soieries de toute espèce, 2° les cotonnades imprimées, dont la livre contient plus de 12 1/2 arch. carr., et 3° les tissus turcs de coton pur ou mélangé de soie; tous ces articles paient, même s'ils ont lesdits ornements, les droits fixés pour eux, sans augmentation aucune. (Les cotonnades imprimées, en question, sont imposées d'un droit de 2 r. 50 c. par livre.)

(2) Les mouchoirs *garnis de tulle et de dentelles*, les collerettes, pèlerines et manchettes *en tulle, en mousseline et en batiste*, cousus et brodés de toute manière, payent le droit dont se trouvent imposés les *dentelles* et *tulles* de coton et de lin (6 rbls. par livre); toute autre espèce de mouchoirs de coton, ourlés, de même les écharpes et bayadères de coton, payent 20 0/0 en sus du droit fixé pour les cotonnades dont ils sont confectionnés.

Les nappes, serviettes et essuie-mains, *ourlés et non ourlés*, ainsi que les couvertures de coton sont soumis aux articles respectifs des cotonnades.

Nos d'après le nouv. tarif.	DÉNOMINATION DES MARCHANDISES.		Droits d'entrée *d'après les tarifs.*	
			de 1850	de 1841
			Rbl. C	Rbl. C.
233	COTONNADES. — Passemens, rubans, franges, cordons et chenille de coton (1)	la livre	1 »	{ 2 » / 3 50
414	LAINE (TISSUS DE —). — Draps, demi-draps, casimirs, draps-de-dames, etc., de même, mouchoirs et couvertures de drap : noirs, noirs-bleus, verts plus foncés que le vert de gazon, ainsi que blancs et blancs-bleuâtres.	»	2 20	2 80
415	« de toute autre couleur et de plusieurs couleurs (hormis les mouchoirs et couvertures). . .	»	1 60	1 80
416	mouchoirs et couvertures de drap, de demi-drap, casimir, drap-de-dames, vigogne et ratine de toute couleur, estampé, imprimés et à tissure de différentes couleurs.	»	2 50	4 »
426	mouchoirs et châles en laine pure ou mélangée, à dessins de couleur, imitations de mouchoirs et de châles turcs et de Cachemire; de même avec des bordures étroites tissées, brochées, cousues ou inhérentes à ces objets; et toutes les bordures et étoffes de ce genre (2)	»	8 »	9 45
417	feutres.	»	1 »	4 »
417	flanelles, velvets, frises, trips, pluches et autres tissus de ce genre.	»	1 »	1 20
418	tricots, tricots-casimirs et autres tissus semblables, d'une seule et plusieurs couleurs, pour les pantalons.	»	1 60	2 80
427	bas, bonnets de nuit tricotés, camisoles, caleçons, brassières et gants de laine, de toutes sortes. .	»	1 »	1 55
428	bonnets turcs ou calottes (fess) en laine . . .	la douz	2 »	2 30
425	étamine à pavillon, étoffe de laine blanche employée dans les moulins, et toutes espèce de ceintures communes (3)	la livre	60	1 25
429	passements, rubans larges et étroits de passementerie, cordons, houppes, etc., de laine pure et mélangée de coton, de lin ou de chanvre. .	»	1 »	3 50
420	tapis grands et petits, brodés ou cousus de pièces, avec et sans franges.	»	» 50	{ » 63 / 1 25
421	tissus fermes de toute sorte en laine peignée, blancs, d'une seule couleur et bariolés, etc., camelots, cords, baracans, contenant jusqu'à 5 arch. car. dans la livre (4)	»	1 20	baracans 1 35 / cords.... 2 30 / camelots 1 35 / barioles 2 30
423	tissus légers, mérinos, mousselines-de-laine, etc., renfermant plus de 5 arch. car. dans la livre. .	»	1 80	{ 2 40 / 2 70 / 3 50

(1) L'importation de toute sorte de passements était ci-devant prohibée.

(2) Tous les autres mouchoirs de laine, qui ne sont pas dénommés dans les deux articles précédents, ainsi que les écharpes et bayadères de laine, les manchettes, les nappes, serviettes et couvertures, paient 20 0/0 en sus des droits établis pour les tissus dont ils sont confectionnés.

(3) Les mêmes ceintures d'une qualité supérieure paient les droits établis pour les articles respectifs des tissus de laine.

(4) Sur les mêmes tissus imprimés et brodés, on prélève 2 rbls. et sur ceux désignés dans l'article suivant, lorsqu'ils sont imprimés, 3 r. 40 c. par livre.

Nos d'après le nouv. tarif.	DÉNOMINATION DES MARCHANDISES.		Droits d'entrée d'après les tarifs. de 1850 — Rbl. C.	de 1841 — Rbl. C.
419	toute sorte de tissus de laine à l'usage des fabriques, y compris sacs de laine pour exprimer l'huile (1)		» 20	» 27
502	LIN ET CHANVRE (tissus de —). Batiste, toile de Cambrai et linons; mouchoirs de poche en batiste, blancs, de même avec des petites brodures et des dessins dans les angles, blancs ou de couleur, ourlés ou non ourlés		» 5	(2) 3 60
503	toile fine pour chemises; de même: mouchoirs de poche en toile, blancs et bariolés, *par terre*		» 60	toile blanche 5 f. / » teinte 6.90 / mouch. blan. 2.10 / » teint's. 3.90
	» » *par mer*		1 »	
504	toile grossière de toute espèce (3)			
	» *par terre*		» 40	
	» *par mer*		» 60	
508	toile cirée ou gommée en lin et en chanvre		» 20	» 60
509	bas, gants, etc., de toute espèce, en lin et en chanvre		» 60	{ 1 20 / 1 80
512	filets de pêche	le poud.	4 »	12 »
505	nappes, serviettes et essuie-mains de laine, blancs, teints et bariolés *par terre*	la livre	» 90	{ 2 50
	» *par mer*		1 20	
405	SOIERIES (4) — A) NON TRANSPARENTES : étoffes blanches, d'une seule couleur, changeantes, unies et façonnées, bariolées, à dessins de couleur et moirées, tissées, brochées, estampées et brodées; ainsi que : mouchoirs, écharpes, couvertures, serviettes, tapis grands et petits et rubans de ce genre, les rubans d'ordres de chevalerie y compris (5)		5 »	étoffes blanches 5 r. / 10 r. 20 c. teintes et bariolées 7.30 / mouchoirs mouchoirs 7.70 / teintes 10.30
406	les mêmes objets, avec or ou argent fins ou faux, avec appliques et paillette, tissées avec de la paille et autres matières (6)		7 50	
408	B) TRANSPARENTES ET DEMI-TRANSPARENTES : étoffes blanches, d'une seule couleur bariolées, ainsi que mouchoirs, rubans, chenille et autres tissus dénommés dans l'article 405 (7)		10 »	blanches 15 r. / teintes 18 r. / mouch. 22.90 / brodés 25

(1) Sont assimilés à cet article les lisières de drap; elles payaient autrefois 30 c. la livre.

(2) D'après l'ancien tarif, les mouchoirs en batiste avec bordures ayant plus d'un pouce de largeur et avec des fleurs au milieu, ont été imposés d'un droit de 6 r. 90 c. par livre.

(3) Par toile grossière on entend la toile dont la livre ne renferme pas plus de 5 arch. carrées. Le même droit est appliqué aux articles suivants: la toile de Flandre, la toile à voiles et autres semblables.

(4) Les étoffes, mouchoirs, écharpes, couvertures, serviettes et rubans, tant transparents que non transparents, de soie, mélangée de lin, de chanvre, de coton ou de laine, d'après le nouveau tarif, ne paient que deux tiers des droits fixés pour les tissus respectifs en soie pure (à l'exception toutefois du velours et de la pluche non transparents, sur lesquels on prélève dans tous les cas 5 r. arg. par livre).

(5) Sont assimilés à cet article les satins de chenille, velours de soie de toute sorte, et les tissus de laine doubles d'une étoffe de soie. Les rubans d'ordres de chevalerie ont été prohibés par le tarif de 1841.

(6) Sont exclus de cet article les brocarts et draps *d'or et d'argent*, lesquels sont imposés d'un droit de 10 rbls. par livre; le même droit est appliqué aux *gazes, galons, passements, franges, houppes* et cordons d'or et d'argent fins ou faux.

(7) Sont assimilés à cet article : dentelles, blondes, petinettes, tulles et crêpes, barèges et gazes en pièces, en mouchoirs, voiles, etc.; de même, autres objets de ce genre en soie et mélangés de soie, les collerettes, pèlerines, etc., brodés.

Nos d'après le nouv. tarif	DÉNOMINATION DES MARCHANDISES.		Droits d'entrée d'après les tarifs.	
			de 1850 Rbl. C.	de 1841 Rbl. C.
409	les mêmes étoffes, mouchoirs, écharpes et rubans, avec or et argent fins ou faux, ou avec paille, brochés et brodés.	la livre	12 50	22 50 {brodés (25 »
410	mouchoirs et châles en soie et mélangés, avec des dessins de couleur, etc., imitations des châles et mouchoirs turcs et de Cachemire. .	»	8 »	9 45
411	bas et bonnets de nuit, etc.	»	3 »	{5 »
413	passements, franges, cordons, rubans de passementerie, houppes et cannevas de soie pure ou mélangée de coton, de laine, etc. (1).	»	2 »	{7 30 {7 60 / 4 80
412	taffetas gommés et cirés.	»	2 »	5 »

2) HORLOGERIE.

Nos	DÉNOMINATION DES MARCHANDISES.		de 1850 Rbl. C.	de 1841 Rbl. C.
399	HORLOGERIE (ouvrage d'. —) horloges, pendules, montres de voyage, etc., de même : mouvements de pendules et de montres déjà composés (2)..	»	2 »	2 60
400	horloges en bois avec rouages en cuivre ou en bois.	la pièce	» 50	« 60
402	montres et chronomètres, de poche en or et dorés, avec et sans ornements.	»	2 »	5 »
403	» en argent (3).	»	» 60	1 50

3) INSTRUMENTS DE MUSIQUE.

Nos	DÉNOMINATION DES MARCHANDISES.		de 1850 Rbl. C.	de 1841 Rbl. C.
282	INSTRUMENTS DE MUSIQUE. — Basses et violoncelles.	»	2 »	5 »
287	clavecins, forte-pianos et orgue d'église, *par terre*,	»	25 »	{100 »
	» » » *par mer*.	»	45 »	
285	harpes.	»	25 »	90 »
284	violes et altos.	»	1 »	4 50
290	Carillons (musique à ressorts).	»	1 »	2 80
586	Cordes de boyaux (de mouton) et de soie.	la livre	» 80	2 70
552	» en acier.	le poud.	1 80	6 »
553	» en cuivre et en laiton.	»	3 »	6 »
288	Tous les accessoires d'instruments.	la livre	» 20	1 20

4) MENUISERIE ET CHARPENTERIE.

Nos	DÉNOMINATION DES MARCHANDISES.		de 1850 Rbl. C.	de 1841 Rbl. C.
270	Menuiserie (ouvrages de —), en bois commun, non	le poud.		
	polis et non vernis, *par terre*.		» 80	8 »
	» *par mer*	»	1 20	8 »
271	» polis et vernis, *par terre*.	»	1 50	8 »
	» » *par mer*..	»	4 »	8 »
574	cadres de toute sorte, hormis ceux en métal (4).	la livre	» 20	1 »
575	» avec tableaux et miroirs (en comptant pour			

(1) Les mêmes objets avec or et argent fins ou faux payent le triple.
(2) Les horloges de clocher ne payent que 15 cop. par livre.
(3) Sont assimilés à cet article : les montres en argent à cercles d'or ou dorés, ainsi que les mouvements de montres de poche déjà composés. Pour les pièces détachées. Voyez page 15.
(4) Les cadres métalliques payent le droit selon le métal dont ils sont confectionnés, en y comptant le poids des tableaux ou miroirs, dans les cas où les propriétaires ne jugeraient pas à propos de laisser peser les cadres séparément.

N°s d'après le nouv. tarif.	DÉNOMINATION DES MARCHANDISES.		Droits d'entrée d'après les tarifs. de 1850 Rbl. C.	de 1841 Rbl. C.
	une archine entière toute fraction au-dessous d'une entière (1)	l'archine	» 30	» 60
397	prêle et autres plantes semblables, ouvrées.	le poud.	4 »	10 »
269	Charpenterie (ouvrages de —), ainsi que divers objets de ménage tressés en osiers, tille ou bois (2)	»	» 20	2 »

5) MERCERIE.

N°s d'après le nouv. tarif.	DÉNOMINATION DES MARCHANDISES.		de 1850 Rbl. C.	de 1841 Rbl. C.
316	MERCERIE et autres menus objets. — Boîtes, étuis et autres objets semblables en paille.	la livre	» 40	1 50
373	boutons d'habits, de gilets et autres en métal, os, nacres, etc.	»	2 »	6 »
372	» » en métal, avec des armes ou des chiffres de Russie.	»	1 »	2 »
316	clefs de montres en cuivre et acier, et petites gaînes pour ces clefs	»	» 40	2 60
316	coraux faux en chapelets ou fils.	»	» 40	1 80
316	corbeilles de jonc, de paille et autres tressées.	»	» 40	6 »
316	cornes ouvré.	»	» 40	2 50
151	couleurs de toute sorte pour la miniature de même :	»	» 40	» 60
	encre de Chine.	»	» 10	1 »
152	les mêmes couleurs importées dans des boîtes avec ornements.	»	1 »	1 20
316	cure-dents de toute sorte.	»	» 40	2 50
316	écume de mer, ouvrée et montée.	»	» 40	2 50
316	épingles de toute espèce, ordinaires et à cheveux.	»	» 40	3 60
316	fanons de baleine ouvrés, non montés ou bien montés en matières de bas prix.	»	» 40	1 15
398	fleurs artificielles de toute espèce, pesées avec la boîte.	»	8 »	12 »
316	fouets et gaulettes simples et montés.	»	» 40	pièce 55
393	t fourdavet.	»	» 30	» 70
396	» de même : boucles et plaques d'argent qui ne son en usage qu'en Asie.	»	5 »	7 »
266	gomme-élastique et goutta-percha, ouvrées de toute manière.	le poud.	3 »	5 45
316	gomme-élastique converti en objets de toute espèce, enveloppés ou entortillés de laine, de lin, de chanvre et de coton.	la livre	» 40	5 45
316	grains artificiels, de manières composées, de verre, de métal, etc., OUVRÉS et MONTÉS.	»	» 40	{ 1 80 { 5 60
316	hameçons et lignes à pêcher de toute sorte.	»	» 40	1 »
563	jaretières et bretelles de toutes sortes.	»	1 50	7 50
316	masques de toute espèce.	»	» 40	5 20
316	pains-à-cacheter de toute espèce.	»	» 40	4 60
316	perles fausses, en chapelets ou fils, ouvrées de toute manière, mais non montés.	»	» 40	6 »

(1) Sur les miroirs, importés dans des cadres, on prélève, outre le droit fixé pour les cadres, encore celui dont sont imposés les miroirs. Voy. page 21.

(2) Les mêmes objets, importés par la frontière de terre de la Bessarabie et par les ports du Danube et des mers Noire et d'Azoff, sont admis en franchise de droits.

Nos d'après le nouv. tarif	Dénomination des marchandises		Droits d'entrée d'après les tarifs			
			de 1841		de 1850	
			Rbl.	C.	Rbl.	C.
316	pinceaux à barbe, montés, en bois, corne et os commun	la livre	»	40	2	50
294	» à barbe en mouture précieuse	»	2	»	3	60
295	» pour le dessin et la peinture	»	»	20	»	50
316	pipes à fumer de toute espèces, montés	»	»	40	1	65
316	rassades et vitrifications montés; de même bourses et sacs-à-ouvrage en rassades et vitrifications	»	»	40	3	60
379	rubans et tresses de paille etsparterie, communs et en paille de riz	»	1	»	1	25
380	» avec chaîne en soie, crin, lin, etc.; de même toute sorte d'agréments	»	1	50	15	»
316	soie de porc ouvrée (sauf les objets dénommés spécialement)	»	»	40	2	»

6) OUVRAGES EN MÉTAL.

Nos d'après le nouv. tarif	Dénomination des marchandises		de 1841		de 1850	
			Rbl.	C.	Rbl.	C.
318	BRONZE OUVRÉ (1). — Objets complets en bronze ou autre métal composé, figures détachées et ornements servant à compléter des objets en bronze (hormis ceux dénommés dans l'article suivant)	»	»	40	»	60
319	les mêmes objets dorés, argentés, vernis et bronzés, si le poids de chacun ne dépasse pas 20 livres	»	1	50	3	»
320	pour de pareils objets d'un poids au-delà de 20 livres chacun, le droit de 1 rouble 50 cop. par livre n'est prélevé que sur les 20 livres, et tout l'excédant de ce poids est passible d'un droit de	»	1	»	1	80
321	les petits objets en bronze pesant moins d'une demi-livre chacun	»	3	»	6	»
352	CUIVRE ET LAITON OUVRÉS. — Objets de toute espèce en cuivre (y compris les munitions de guerre), vaisselle en cuivre, ainsi que les objets de toute sorte en laiton	le poud.	5	»	6	90
353	fil de cuivre	»	5	»	9	»
354	toute sorte d'objets en fil de cuivre et de laiton	»	8	»	10	»
355	ÉTAIN ET ZINC OUVRÉS. — Objets de toute sorte en étain et en zinc	»	4	»	12	»
330	FER ET ACIER OUVRÉS. — Ancres, clous et toute espèce d'objets forgés, de même la tôle	»	1	»	3	60
	et objets de toute sorte en tôle	»	1	50	3	60
334	fer blanc en feuilles	»	2	»	4	50
355	» » » vernis	»	3	»	6	»
356	objets en fer-blanc de toute sorte, non peints	»	4	»	8	»
357	» » » avec peintures	»	12	»	16	»
	» » » et avec dorures ou autres ornements	»	12	»	24	»

(1) Les objets en fer et en fonte, dorés ou argentés, sont assimilés aux articles : bronzes.

Nos d'après le nouv. tarif.	DÉNOMINATION DES MARCHANDISES.		Droits d'entrée d'après les tarifs. de 1850 Rbl. C.	de 1841 Rbl. C.
338	aiguilles à coudre et autres non dénommées spécialement.	la livre	1 50	3 60
339	aiguilles à emballer, à l'usage des selliers, et à voiles.	»	» 40	» 95
340	carcasses, c'est-à-dire, fils d'archal recouverts de coton, de soie ou de fil.	»	» 20	2 50
343	coutellerie et couteaux de toute sorte à manches ordinaires.	»	» 70	1 20
344	» à manches en ivoire, en écaille, en nacre, montés en or et en argent.	»	2 »	5 20
	Remarque. Les couteaux de table et les fourchettes ont été prohibés par le tarif de 1841.			
346	armes à feu, comme : fusils, pistolets, montées de toute manière, ainsi qu'accessoires d'armes à feu.	»	1 20	5 80
347	scies, limes et autres objets de ce genre en fer et acier, *par terre*.	le poud.	» 50	1 50
	» *par mer*.	»	1 »	1 50
348	objets de serrurerie de toute sorte, non polis (1).	la livre	» 15	1 20
349	» polis et avec appliques en cuivre.	»	» 50	1 20
	de même : plumes en acier.	»	» 50	1 20
350	fer de fonte ouvré, *par terre*.	le poud.	» 50	1 38
457	de même : ressort de voitures (2).	»	4 »	8 »
322	OR, ARGENT ET PLATINE OUVRÉS. — Objets en or de toute espèce non dénommés séparément	la livre	100 »	175 »
323	» en argent non dénommés séparément.	»	6 »	8 75
326	» en platine (3).	»	20 »	la valeur 33 °/₀
324	pierres précieuses, diamants et perles fines, montées en or et en argent (4).	la valeur	2 °/₀	15 °/₀
325	pierres non précieuses, montées en or et en argent.	»	15 °/₀	émaill.. 1 for / cizaux.. 8 / mosaïqués / par livre
525	ainsi que décorations et croix d'ordres étrangers.	»	15 °/₀	
329	or et argent en feuilles, purs et doubles en livrets (pesés avec ces livrets).	la livre	1 »	2 50
356	ORIPEAU ET PAPILLON de toute sorte.	»	» 55	1 25
317	PLAQUÉS. — Objets de toute sorte en plaqué d'argent, les girandoles et les lustres y compris.	»	1 20	2 35
357	PLOMB OUVRÉ. — Objets en plomb, les balles et la dragée de plomb y compris.	»	» 5	» 30

(1) Sont assimilés à cet article les objets en fer de fonte, dont le poids ne dépasse pas 3 livres la pièce ; de même : armoires et boîtes en fer pour préserver des papiers et documents contre le feu ; horloges de clocher.

(2) Sont assimilés à cet article : les essieux avec boîtes de roues en cuivre ; de même corps de voitures, roues, brancards, etc.

(3) Sont exclus de cette catégorie : vases et instruments à l'usage des fabriques et métiers, lesquels sont exempts de droits.

(4) Les mêmes objets doivent être assimilés aux art. 322 et 323, s'il est évident que l'or ou l'argent et l'ouvrage forment la valeur principale de ces objets.

Mis d'après le nouv. tarif.	DÉNOMINATION DES MARCHANDISES.		Droits d'entrée *d'après les tarifs*	
			de 1850	de 1844
			Rbl. C.	Rbl. C.
	7) PAPIER DE TOUTE SORTE.			
218	Carton moulé, dit « papier mâché », et objets de toute sorte en papier-mâché, non peints, non dorés et non argentés..	la livre	1 «	5 »
219	objets en papier-mâché, peints, dorés et argentés.	»	2 50	5 »
227	Feuilles de carton pour les fabriques de drap et pour les typographies.	le poud,	» 20	» 50
216	Papier recouvert d'émeri.	»	« 40	2 40
214	Papier de teinture, de toute sorte.	la livre	» 25	» 60
214	Papier à écrire de toute sorte.	»	» 25	» 55
214	Papier colorié de toute sorte à l'usage des confiseurs, avec appliques en gaze, ainsi que papier transparent pour calquer.	»	« 25	jusqu'à » 90
215	Papier royal à dessiner, pour musique, pour broderie, etc., papier recouvert d'une couche de laine et de sable et papier de toute espèce non dénommée séparément	»	» 15	» 20
	8) PARFUMERIES ET COSMÉTIQUES.			
212	Fard blanc et rouge, ainsi que coussins de senteur (sachets).	»	1 »	2 60
	Pommades de toute espèce et moëlle purifiée, dans toute sorte de vases..	»	1 »	2 »
	Poudres, pastilles et résine à parfumer.	»	1 »	1 20
	Vinaigres parfumés.	»	1 »	1 90
	9) POTERIE.			
262	Carreaux vernissés, pots, etc., *par mer*.	le poud.	» 80	4 65
	par terre	»	» 60	4 65
	10) QUINCAILLERIE FINE.			
260	Ambre ouvré en chapelets ou fils..	la livre	2 »	4 75
	» monté (1).	»	2 »	9 20
	Bourses de poche et sacs à ouvrages.	»	2 »	12 »
	Carnets, calepins et livrets de toute sorte avec et sans accessoires.	»	2 »	5 »
	Coffrets, boîtes et étuis avec rasoirs, objets pour ouvrages de dames, etc..	»	2 »	6 »
	Email ouvré.	»	2 »	4 80
	» monté.	»	2 »	10 »
	Lunettes et lorgnons montés, de même lunettes d'approche.	»	2 »	2 80
	Petits livrets reliés pour ornements de bonbons. .	»	2 »	6 »
	Quincaillerie fine en acier.	»	2 »	6 »
	11) SAVON ET CHANDELLES.			
377	Bougies de cire et de spermaceti.	le poud.	4 »	10 »

(1) L'ambre ouvré sans ornements, importé par terre, paye 1 r. la livre.

Nos d'après le nouv. tarif	DÉNOMINATION DES MARCHANDISES.		Droits d'entrée d'après les tarifs			
			de 1850		de 1841	
			Rbl.	C.	Rbl.	C.
358	Savon de toute sorte, non parfumé	le poud.	3	»	3	»
	» parfumé et poudre odorante employée au lieu de savon	»	10	»	15	»
	12) SCULPTURES.					
209	Albâtre ouvré	»	2	»	5	»
210	» » avec ornements	»	4	»	6	»
313	Marbres, porphyres et autres pierres semblables » ouvrées, sans ornements	»	»	40	1	25
314	» avec ornements en bronze, etc.	»	2	»	6	»
261	Objets de plâtre, comme : statues, urnes, etc.	»	»	40	1	20
273	Ouvrages en bois, sculptés, de toute sorte, non dorés et non argentés. hormis les jouets d'enfants	»	4	»	8	»
279	jouets d'enfants, y compris les poupées de toute sorte	la livre	1	»	2	50
	13) TOUR (OUVRAGES AU).					
389	Ouvrages de tourneur de toute sorte en bois communs	le poud.	4	»	8	»
390	les mêmes peints ou polis, ainsi qu'en corne et en os	la livre	»	40	2 50	3 50
391	les mêmes ouvrages en ivoire, écaille, nacre et	»	»	»	3	50
	dents d'os, de même que toute sorte d'objets	»	»	»	5	»
	confectionnés de ces matières, comme cannes,	»	»	»	5	»
	bâtons, etc.	»	1	»	1	60
	14) VAISSELLE.					
371	Bois (vaisselle en —), teinte, vernie et simple (1)	le poud.	1	»	4	»
366	Faïence (vaisselle en), blanche ou d'une seule couleur, sans bordures *par mer*	»	2	»	2	32 1/2
	par terre	»	»	80	2	32 1/2
367	» dorée, argentée, avec peintures bas-reliefs de divers couleurs	»	4	»	6	»
	15) VERRES ET CRISTAUX.					
275	Girandoles et lustres en cristal, avec les attaches nécessaires en métal	»	20	»	120	»
276	» avec différents ornements en métal et autres	»	40	»	120	»
382	Verre (vaisselle de —), vitres et objets en verre de toute sorte, non polies	»	5	»	18	»
383	objets en verre de couleur et peints, ainsi que vaisselle en cristal, et toute sorte d'objets de cristal, avec ornements	»	20	»	50	»
	de même : verres de montres	»	20	»	30	»
	et yeux artificiels en verre	»	20	»	96	»
384	Verres optiques de toute sorte, montés	la livre	»	10	»	20

(1) La même vaisselle, introduite par la frontière de Bessarabie et par les ports du Danube, de la mer Noire et de celle d'Azoff, est admise en franchise de droits.

Nos d'après le nouv. tarif.	DÉNOMINATION DES MARCHANDISES.		Droits d'entrée d'après les tarifs.			
			de 1850		de 1841	
			Rbl.	C.	Rbl.	C.
	SECTION 4. *Marchandises diverses.*					
443	Animaux sauvages, oiseaux vivants (sauf la volaille *Voyez page 2*) serpents, tortues et chiens de toute espèce, *par mer*.	la pièce	»	15	» / 1 / 5	30 / » / »
158	Ardoises (pierres) ouvrées,	la livre	»	2	»	7
252	Cirage pour bottes, sec et liquide.	le poud.	4	»	28	»
387	Cire à cacheter et résine rouge.	»	4	»	10	»
177	Cire blanche, jaune et colorée, non ouvrée; de même : cire à greffer.	»	»	20	1	75
257	et cire ouvrée.	»	4	»	10	»
253	Cordages et cables, cordes et ficelles de chanvre, etc.		»	40	1	60
265	CRINIÈRES : tamis en crin; de même : tissus en crin et crinières de cheval, ouvrées.	la livre	»	10	»	20
298	CUIR (ouvrages de —) gants de canepin et de peaux de chamois; ainsi qu'objets de toute espèce en peaux de chamois.	»	5	»	7	50
299	harnois, selles, etc.	»	»	40	1	20
297	parchemin.	»	»	25	»	70
199	Encre à écrire.	le poud.	1	»	40	»
	» d'imprimerie.	»	1	»	2	50
	et poudre à faire de l'encre.	»	1	»	48	»
595	Lanternes de toute espèce.	»	4	»	8	»
455	Pelleteries (fourrures) :					
	peaux d'ours, de tigres, etc., ainsi que de putois (1).	la livre	4	50	2	50
454	peaux de ratous ou martres d'Amérique (yénot-tovia).	»	»	80	1	»
453	peaux de renards, sauf la peau des renards noirs (2), *par mer*.	»	»	75	1	»
	par terre.	»	»	50	1	»
457	peaux et queues de rats musqués.	»	»	13	»	30
458	peaux de loups, de lynx, de moutons d'Angora, de cygnes et d'autres oiseaux (3).	»	»	75	1	»
144	Pierres non ouvrées, telles que : onyx, topazes, cristal de roche, jaspes, et autres non précieuses.	»	»	5	»	15
289	Pierres don précieuses de différentes espèces, ouvrées, mais non montées.	»	»	25	2	30
466	Plumes d'autruches et toute sorte de plumets et plumes pour chapeaux d'hommes et de femmes.	»	5	»	10	»
467	plumes à écrire.	»	»	30	1	20
560	Soufflets de forges.	le poud.	4	»	10	»
67	Tabacs à fumer et à priser, en rouleaux et en carottes.	la livre	»	60	1	55
578	Tamis en soie pour les pharmacies.	le poud.	4	»	8	»

(1) D'après le tarif de 1841, les peaux de putois payaient 5 r. 50 c. la livre.
(2) Sur les peaux de renards noirs le droit ancien (5 r. 50 c.) est maintenu.
(3) La peau de cygnes et d'autres oiseaux a été imposée d'un droit de 6 r. par livre.

Nos d'après le tarif.	DÉNOMINATION DES MARCHANDISES.		DROITS d'entrée.	
			Rbl.	C.
	SECTION 1.			
	Matières alimentaires.			
41	BOISSONS. — Porter en futailles.	l'oxhoft de commerce	45	»
42	» en bouteilles.	la bouteille	»	35
34	vins de toute espèce à l'exception des vins suivants :	l'oxhoft	48	»
35	» d'Autriche et de Hongrie, introduits par les douanes qui se trouvent à la frontière d'Autriche.	»	15	»
	» les mêmes importés par d'autres douanes.	»	48	»
36	» Moldavie, de Valachie et de Grèce (hormis ceux de Chypre), introduits par les ports de la mer Noire, de celle d'Azoff et par les douanes de la Bessarabie.	»	24	»
	» les mêmes importés par d'autres douanes.	»	48	»
37	» de Chypre.	»	48	»
38	» de Champagne, de Saint-Péray, de Bourgogne et autres vins mousseux.	la bouteille	»	90
39	» autres que mousseux (*en bouteilles*).	»	»	50
18	DENRÉES COLONIALES. — Cacao en fèves, *par mer*.	le poud.	3	»
19	café.	»	3	70
14	cannelle et fleurs de cannelle, cannelle blanche, caryophillata ou casse giroflée et cardamone, *par mer*.	»	5	»
13	clous de girofle, *par mer*.	»	7	50
	sucre brut (1)			
20	» blanc, jaune et rougeâtre.	»	3	80
21	» brut, jaune et rougeâtre, introduit par le port de Saint-Pétersbourg.	»	3	20
12	vanille.	la livre	»	35
76	FRUITS. — Amandes, avec ou sans coques.	de poud.	2	»
78	fruits et baies secs, de toutes sortes (hormis le raisin de Corinthe), importés par les ports de la mer Noire, de celle d'Azoff et du Danube, ainsi que par terre.	»	»	95
75	noix et noisettes, aveline et autres fruits semblables, *par mer*.	»	»	75
74	pommes de paradis et pommes grenades (2).	»	»	90
72	raisin frais et trempé.	»	3	»
29	Huile d'olives en tonneaux, *par mer*.	»	1	85

(1) Dans l'empire l'importation du sucre brut n'est permise que par mer ; la remise de 55 cop. par poud. accordée au port d'Archangel et de Réval, est maintenue comme par le passé. Dans le royaume de Pologne l'importation du sucre brut n'est permise que par les douanes de Nieszawa, Granica et Pyzdry, ou bien par celles-ci à la douane de Varsovie.

(2) Par les douanes du royaume de Pologne l'importation des pommes de paradis n'est permise que pour le Conseil de curatelle de l'hôpital hébraïque de Varsovie.

Nos d'après le tarif.	DÉNOMINATION DES MARCHANDISES.		DROITS d'entrée.	
			Rbl.	C.
47	Mélasse de sucre, de betteraves, de pommes de terre et toute autre, sauf la mélasse de miel.	le poud.	2	»
49	POISSONS ET COQUILLAGES pleins. — Anchois et sardines, de même : caviar de Turquie appelé boutarga.	»	2	»
51	harengs fumés, (pesés avec le baril).	»	»	40
52	» salés, de toute sorte, (hormis ceux dénommés ci-dessous) *par mer*.	le baril de9poud.	»	90
52	» d'Angleterre et d'Ecosse (pesés avec le baril)		1	30
54	» de Hollande, pesés avec te baril		2	85
53	» de Norvège, importés dans les ports du gouvernement d'Archangel par les habitants des côtes de ce gouvernement.	»	»	35
56	» salés de toute sorte, importés *par terre :* en barils.	»	»	90
	en petits tonneaux (pesés avec ces tonneaux)	le poud.	»	50
8	huîtres fraîches, homards, moules, escargots, sèches (arraignées de mer) et autres de ce genre (1).	le baril de2 ancr.	5	»
8	les mêmes coquillages pleins, ainsi que les tortues salés, sèchés et marinés (pesés avec le vase)	le poud.	6	»
28	PROVISIONS DE BOUCHE. — Beurre de vache et de brebis, *par terre*	»	»	40
9	câpres.	»	»	50
25	écorces de citrons, d'oranges douces et amères, séchées et non confites	»	»	20
27	feuilles de laurier.	»	1	90
64	fromages, *par mer*	»	5	»
58	sagou.	»	1	50
63	SEL DE CUISINE de toute sorte par les ports, du gouvernement de St-Pétersbourg et par toutes les douanes de terre de l'Empire, hormis celles qui se trouvent sur la frontière de la Prusse.	»	»	40
	par les douanes de l'Empire sur les frontières de la Prusse.	»	»	32
	par les ports du gouvernement d'Esthonie, de Livonie et par le port de Narva.	»	»	29
	par les douanes d'Ismaïl, et de Réni : par terre et par le Danube.	»	»	40

SECTION 2.

Matières premières et divers articles à l'usage des fabriques, etc.

A) SUBSTANCES MINÉRALES.

| 171 | Alun de toute espèce | » | » | 10 |

---

(1) En cas de leur importation dans des petits tonneaux ou autres vases d'un calibre inférieur ils sont pesés avec le vase qui les renferme, et imposés d'un droit de 1 r. par poud.

Nos d'après le tarif.	DÉNOMINATION DES MARCHANDISES.		DROITS d'entrée.	
			Rbl.	C.
161	Arsénic blanc, jaune et rouge (1)	le poud.	1	20
140	COULEURS MINÉRALES. — Ombre (terre d')	»	»	15
138	vert provenant d'oxide de cuivre	»	1	60
149	vert-de-gris ou verdet	»	6	»
191	Couperose blanche, bleue, et celle de Salzbourg	»	1	15
197	Lessives alcalines, telles que : eau de Javelle, eau de Tenant, etc.	»	1	50
159	MÉTAUX. — Laiton en saumons, en rouleaux et du vieux laiton en pièces brisées ; de même : le cuivre rouge et vert, en barres, en bâtons et en limaille	»	»	58
164	PLOMB en saumons et en rouleaux	»	1	40
167	ZINC en morceaux	»	»	06
168	» en feuilles	»	1	80
192	Nitrate de soude (natrum nitricum)	»	»	6
180	Nitre brut ou salpêtre	»	1	80
99	Tartre brut ou lie de vin	»	»	20
100	» (crème de —)	»	»	40
171	Tripolis et autres substances employées à nettoyer et polir les métaux (hormis les pâtes destinées à cet usage, Voy. page 3, art. 177, dans la 1re liste)	»	»	10
	B) PRODUITS VÉGÉTAUX.			
89	BAIES de laurier et coques du Levant	»	1	50
127	Bois de teinture et autres substances colorantes : bois de teinture sous diverses dénominations, en bûches et en petits billots	»	»	8
151	garance	»	»	80
132	» moulue	»	1	»
120	graines d'Avignon	»	»	80
129	indigo en morceaux	»	3	50
121	oseille	»	»	50
147	safran	la livre	»	40
136	vernis divers à l'esprit de vin (2)	»	»	50
103	Brai gras ou harpoix	le poud.	»	9
91	Coton en laine	»	»	25
104	GOMMES. — Arabique (celle du Sénégal y comprise), adragante et autres non désignées séparément, de même : le copal et la sandaraque	»	1	80
105	» élastique ou caoutchouk et goutta-percha, en morceaux et en vessies	»	1	»
86	Houblon	»	1	45
155	Huile de cocos, de palmier et autres huiles grasses (hormis l'huile d'olives) en tonneaux	»	1	85
205	Laque en écailles (schell-lac) de toute sorte	»	1	»

(1) L'arsenic blanc n'est admis à l'importation qu'en de doubles tonneaux ou doubles enveloppes.

(2) Les couleurs broyées, préparées à l'huile ou à l'eau pour la miniature, payent les droits établis pour les couleurs sèches ; mais sur toutes les autres couleurs broyées, à l'huile ou à l'eau, on prélève 50 cop. par poud. en sus des droits fixés pour les couleurs sèches.

Nos d'après le tarif.	DÉNOMINATION DES MARCHANDISES.		DROITS d'entrée.	
			Rbl.	C.
	C) PRODUITS ANIMAUX.			
187	Fanons de baleine bruts.	la livre	»	10
178	Huile et graisse de poissons	le poud.	»	70
202	Soies écrues et déchets de soie *teints*, ainsi que la soie moulinée, tordue et non tordue (organsin et trame), et déchets de soie cardée, teints ou non teints. (1)	la livre	»	20
169	Spermaceti (blanc de baleine) non ouvré. . . .	le poud.	1	60

SECTION 3.

Produits de fabriques, manufactures, usines et métiers.

1) ÉTOFFES.

430	Laine (tissus de—) : — Châles, ceintures et mouchoirs tures et cachemire	la valeur.	35	°/₀

2) HORLOGERIE (OUVRAGE D').

404	Pièces d'horlogerie détachées comme : roues, ressorts, etc., cadrans et aiguilles de toute sorte, dorés et non dorés, ainsi que mécaniques à l'usage des lampes Carcel.	la livre	»	8

3) MERGERIE.

300	Coraux fins ouvrés, c'est-à-dire percés et en chapelets ou fils, moulus ; de même : en mèches, ciselés et montés ; ainsi que les coraux faux taillés à facettes et polis, convertis en objets de toute espèce, non en chapelets montés (2).	»	2	70
254	Eau de Cologne, des Alpes, de Hongrie, et eau de mélisse composée (pesées avec le vase).	»	»	20
255	les mêmes dans des flacons taillés et polis avec ornements, ou bien coulés avec des dessins. . . .	»	1	20
258	Éventails de toute sorte	la valeur.	25	°/₀
264	Grenats fins et faux, ouvrés et en chapelets ou fils taillés et polis ; de même : objets en grenats de toute sorte non montés (3).	la livre	»	75
211	Rassades, grains de verroterie et perles métalliques, en chapelets ou fils, non montées (4)	le poud.	1	50

MÉTAL (OUVRAGES EN)

259	Balances de toutes sortes, avec leurs accessoires et avec des poids étrangers	la livre	»	50

(1) Les soies de toute sorte, teintes et non teintes, dévidées pour chaînes ou trames ainsi que les soies à coudre, à tricoter et à broder, payent 60 c. la livre. Sur la soie tordu, avec or et argent, on prélève 10 rbls. par livre.

(2) D'après le tarif de 1841, les coraux ciselés et convertis en objets payaient 1 r. 60 c. et les coraux montés, 8 r. arg. par livre ; d'après le nouveau tarif, toutes pierres non précieuses montées en or et en argent, payent 15 0/0 de la valeur.

(3) Pour les grenats montés qui payaient ci-devant 1 r. 85 cop. par livre, *voir* la remarque précédente ; sur ceux montés en bronze ou autrement on prélève 2 rbls. par livre.

(4) Les mêmes objets montés payent 60 cop. la livre.

Nos d'après le tarif.	DÉNOMINATION DES MARCHANDISES.		DROITS d'entrée.	
			Rbl.	C.
301	Caractères d'imprimerie, en toutes langues, et matrices, moules en métal ou en bois pour ornements typographiques et pour la fonte de caractères; et autres objets relatifs aux caractères d'imprimerie.	le poud.	»	30
198	Cylindres métalliques gravés et non gravés, pour les fabriques de tissus imprimés, de papiers et autres.	»	1	50
342	Faux, faucillons pour couper les broussailles, couperets pour hacher la paille, et faucilles.	»	»	40
332	Fil de fer et d'acier.	»	1	80
333	Fil de laiton.	»	3	»
336	Oripeau blanc et jaune en livrets (pesé avec ces livrets et paillons de toute sorte).	la livre	»	55

SECTION 4.

Marchandises diverses.

Nos d'après le tarif.	DÉNOMINATION DES MARCHANDISES.		Rbl.	C.
292	CARTES à jouer de toute sorte, comme : cartes polonaises, campi, tarots, cartes pour les enfants et autres semblables, avec figures représentant des sujets d'histoire naturelle, etc. (1)	la douz.	»	62
449	Encens commun, ou de Turquie, et storax.	le poud	»	95
	» fin.	»	6	»
442	Éponges de toute sorte	»	1	50
267	Liége ouvré, c'est-à-dire en bouchons et bondons, et autres objets en liége.	»	1	80
463	Palmes de Judée ou rameaux de palmier (2).	la livre	»	20
456	Peaux de renards noirs et chinchilla.	»	3	50
445	Pierres à moudre (meules) et à éguiser, pierres de touche, pierres de Suède employées au carrelage, pierres lithographiques et pierres à fusil en morceaux, pilées et grillées	le poud.	»	3
65	Tabac en feuilles ou paquets, avec les côtes, et côtes seules	»	6	»
66	» » » sans côtes, et tabac dit *Negro*.	»	12	»
67	» à fumer haché, hormis celui de Turquie.	la livre	»	60
67	» » » de Turquie.	le poud.	12	»
68	» en cigares, et haché enveloppé de feuilles	la livre	2	»
69	» à priser rapé, de toute sorte.	»	1	70

NOTE. Outre les marchandises indiquées ci-dessus, les droits d'entrée d'après le nouveau tarif ne sont pas non plus modifiés pour les articles suivants :

CÉRÉALES et PAIN de toute espèce, savoir : seigle, orge, maïs (ou blé de Turquie) et millet ; froment, épautre, pois, lentilles, fèves et harricots; avoine de blé sarasin, ainsi que le riz importé par mer.

TISSUS DE COTON mélangés de soie et TISSUS DE SOIE d'origine turque, importés dans les ports de la mer Noire, de la mer d'Azoff et du Danube ; ainsi que les mêmes introduits de l'Asie Mineure par les douanes de Théodosie, d'Eupatorie et de Kertch.

(1) Les cartes à jouer ne peuvent être importées que pour le compte de la Maison *Impériale* des Enfants trouvés, qui a le droit exclusif de les fabriquer et de les vendre.

(2) L'importation des palmes de Judée par toutes les douanes du Royaume de Pologne n'est admise que pour le Conseil de curatelle de l'hôpital hébraïque de Varsovie.

Nos d'après le tarif.	DÉNOMINATION DES MARCHANDISES.		DROITS d'entrée.	
			Rbl.	C.
	SECTION 1.			
	Matières alimentaires.			
40	BOISSONS. — Bière de toute espèce (en bouteilles). .	la bout.	»	35
40	hydromel et vin de serises *id.*	»	»	35
85	Pains, biscuits et craquelins.	le poud.	»	40
26	Surrogats de café, comme : chicorée torrefiée, glands torrefiés, etc.	»	3	70
43	Vinaigre de bière.	l'oxhoft	24	»
	SECTION 2.			
	Matières premières à l'usage des fabriques, etc.			
155	HUILE de navettes, de noix et de graines de tournesol, de même, l'huile préparée pour l'éclairage. . . .	le poud.	1	85
160	Métaux (alliages de—), tels que : tombac, argentan, etc.	»	1	»
169	Stéarine non ouvrée.	»	1	60
179	Suif de toute sorte.	»	»	30
522	Torches résineuses et mèches à feu.	la livre	»	20
	SECTION 3.			
	Produits de fabriques, manufactures, usines et métiers.			
	1) ETOFFES.			
306	LIN ET CHANVRE (tissus de —) : toiles de toutes sorte imprimées.	»	1	40
304	toile grossière de lin et de chanvre de toute sorte, y compris la toile à voiles, toile de Flandre, revendouk et coutils de toute espèce *par mer*.	»	»	60
	« « « *par terre*. . . .	»	»	40
	2) MERCERIE.			
260	Cannes et bâtons avec des accessoires, comme : pipes à fumer, lorgnons, sifflets et autres semblables (hormis les cannes à *parapluies*). (1).	»	2	»
277	Parasols et parapluies : avec manches en bois, corne ou » fer.	la pièce	1	50
278	» avec des manches faits d'autres matières. . .	»	3	»
233	Passements et franges de coton, de lin , d'une seule couleur ou bariolés.	la livre	1	»

(1) Les cannes à parapluies sont assimilées à l'art. « *Parasols et parapluies,* » mais celles aux armes sont prohibées comme par le passé.

LISTE DES MARCHANDISES ÉTRANGÈRES DONT LES DROITS D'ENTRÉE SONT ABOLIS PAR LE TARIF DE 1850.

Nos d'après le tarif.	DÉNOMINATION DES MARCHANDISES.		DROITS payés ci-devant.	
			Rbl.	C.
	SECTION 1.			
	Matières alimentaires.			
48	Volaille vivante *par terre*..	la pièce	»	50
57	Morues et têtes de morues séchées, importées dans les ports du gouvernement de l'Archangel par les habitants des côtes de ce gouvernement (1)..	le poud.	»	5
63	Sel de cuisine, importé dans les ports du gouvernement d'Archangel.	»	»	20
	SECTION 2.			
	Matières premières.			
	A) SUBSTANCES MINÉRALES.			
176	Albâtre brut.	»	»	11 1⁄2
176	Argiles ou terres glaises de toute espèce.	»	»	60
176	Calamine en morceau et en verges.	»	»	12
472	Chaux de toute espèce hormis la chaux d'antimoine et la chlorure de chaux) et mortier à chaux : de même : ciment, pouzzolane et trasse.	»	»	6
176	Emeri en pierres.	»	»	10
176	Graphites de toute espèce, ainsi que crayons rouges et craie noire en morceaux.	»	»	6
176	Marbres, porphyres, granits, serpentines et autres pierres semblables non ouvrées.	»	»	5
176	Plâtre non travaillé.	»	»	10
126	Terres colorantes.	»	»	20
	B) PRODUITS VÉGÉTAUX.			
176	Cardes pour les fabriques, dents de fer à sérans et sérans pour peigner le lin ; de même : peignes à tisser.	»	1	25
176	Cerrains de chêne ; beauprés et mats.	la pièce	1	»
	de même : bois communs de construction équarris à la hache.	»	»	4
176	Poulies en bois.	la dixaine	»	55

(1) Pour les têtes de morues séchées, elles jouissaient déjà d'une réduction de droits.

Nos d'après le tarif.	DÉNOMINATION DES MARCHANDISES.		DROITS payés ci-devant.	
			Rbl.	C.
	C) PRODUITS ANIMAUX.			
176	Os d'animaux communs de toute sorte, non préparés, blanchis et non blanchis, en morceaux.	le poud.	»	80
176	Poil de castor, de loutre, de lièvre et autre hormis celui de chèvre, qui paye 20 cop. par poud.	»	»	12

SECTION 3.

Marchandises diverses.

Nos d'après le tarif.	DÉNOMINATION DES MARCHANDISES.		DROITS payés ci-devant.	
472	Agaric préparé et amadou en papier imbibé de salpêtre.	»	2	40
443	Animaux sauvages, oiseaux vivants (sauf la volaille), serpents, tortues en chiens de toute espèce, *par terre*.	la pièce	5	»
443	Perroquets et autres oiseaux semblables *par terre*.	»	4	»
443	Oiseaux de toute autre espèce, *par terre*.	»	»	30
472	Balais d'herbes et de branches.	la livre	»	40
472	Briques ordinaires et à four (de la forme et de la qualité exigées par la loi, ainsi que tulles.	le mille	»	50
472	Figures en cire (sans vêtements).	la pièce	1	20

V.

Nº	
	## SECTION 1.
	Matières alimentaires.
57	Poissons de toute sorte, pêchés par les sujets russes et importés sur leurs navires.
16	Pommes de terre, *par terre.*
90	Toutes les matières alimentaires et légumes verts, non dénommés spécialement.
	## SECTION 2.
	Matières premières.
	### A) SUBSTANCES MINÉRALES.
176	Ardoises brutes, pierre diamant; ainsi que les malachites brutes et marcassites en blocs.
176	Bitume de Judée.
176	Cendres de bois non lessivées et cendres provenant de la fusion de l'or et de l'argent, ou regrets d'orfèvre.

(1) D'après le tarif de 1850 il est permis à tout voyageur, individuellement et suivant l'âge, d'importer francs de droits, qu'ils soient ou non prohibés, les effets suivants :

a) Objets de VÊTEMENT et CHAUSSURE portés, de même LINGE marqué et cousu, ayant servi, *autant que chaque individu en a besoin pour son usage.*

b) *Les petits objets* en bronze, tels que : *bagues, chaînes, boucles, etc.* Mais les objets en bronze destinés à meubler ou à orner un appartement, ne peuvent être admis à l'entrée, qu'en payant les droits établis (*Voy.* l'article « Bronze » *page* 11).

c) Les MATELAS et COUSSINS que les voyageurs importent eux-mêmes pour leur propre usage; mais les mêmes objets envoyés séparément au nom et à l'usage des voyageurs, sont frappés, d'après le nouveau tarif, d'un droit d'entrée de 1 roub par poud. (ci-devant 3 r. 30 c.

d) Les médicaments composés, qui sont importés par des médecins arrivant en Russie, et destinés à leur propre usage, passent sans obstacles, moyennant un droit d'entrée de 25 cop. arg. par livre.

e) L'entrée des voitures, lorsqu'il y en a plusieurs, est permise sur le pied *d'une voiture pour deux personnes,* non compris les domestiques mâles: s'il arrivait cependant, que sur plusieurs voitures il s'en trouvât une qui ne contint qu'une seule personne, l'entrée n'en souffrirait pas de difficulté. Les voitures importées par les passagers sur des bâteaux à vapeurs, doivent payer les droits d'entrée (*Voy.* l'article « Voitures » *page* 25); mais si ces passagers témoignent le désir de retourner à l'étranger, la douane leur remet un certificat sur la perception des droits contre exhibition duquel ces droits leur sont remboursés à leur départ de la Russie.

Conformément au *Règlement publié en 1845 sur les effets des voyageurs,* sont encore admis en franchise de droits, les articles suivants :

aa) PELISSES, *une seule* pour chaque voyageur; ainsi que d'autres vêtements en fourrure, destinés à divers usages, à raison *d'une pièce* de chaque espèce.

bb) VAISSELLE en argent, en fayence, etc., pour la table, le thé et le café, verres et gobelets, etc., à raison *d'un service de voyage,* mais *ne contenant pas plus d'une demi-douzaine de fourchettes, de cuillers, d'assiettes, de gobelets, de verres à pied, de tasses* et autres objets semblables *par personne;* théières, cafetières, pots à lait, bols et autres semblables à raison *d'une pièce par personne.* Vaisselle plate, telle que plats, saucières, etc., *deux pièces sur chaque douzaine de petits objets.*

cc) MONTRES, TABATIERES, EPEES, BIJOUX en or, en argent ou autre métal, menus objets de luxe et de fantaisie, à raison de *deux objets par personne;* PISTOLETS *une paire,* FUSILS *un seul par équipage.* Bagues et autres menus objets de dames, non neuf, *autant qu'elles en auront avec elles.*

dd) Divers autres objets qui ne sont pas d'un usage personnel, mais qui servent à meubler ou à orner un appartement, à raison *d'une pièce* par famille, et *d'une paire,* si les objets sont de nature à devoir être appareillés; les mêmes objets en bronze sont exclus de cette catégorie (*voir* la rubrique b) ci-dessus).

REMARQUE. Néanmoins, ces objets *admis en franchise* pour les voyageurs, ne sont délivrés qu'à des *familles;* tandis qu'on traite les mêmes objets comme marchandises, quand ils sont importés par des individus voyageant *sans famille.*

ee) Tous les objets non dénommés et d'un usage personnel, *à raison de deux pièces.*

No	
176	Émail en pains et en poudre, excepté l'émail colorant (émail bleu en poudre).
176	Grenats fins et faux, non ouvrés et non percés.
176	Métaux bruts non dénommés spécialement, et minérais de toute espèce.
176	Mosaïques non montées.
472	Pierres communes brutes de toute espèce et pierres à filtrer.
	» précieuses (y compris les diamants) non montées.

B) PRODUITS VÉGÉTAUX.

No	
176	Avelanèdes.
110	BOIS de frêne, d'orme, de sapin et de hêtre, en grumes et en feuilles, ainsi que planches de toutes sortes importés par terre ou par mer (excepté dans les ports de la Baltique et de la mer Blanche).
176	Bois de chauffage en bûches ou fagots.
176	Charbons de bois et de terre.
176	Essieux en grume et autres objets, non dénommés séparément : cerceaux ; planchettes pour crépi ; tille, cordages de tille, échandoles, lattes ; osier pour vanneries ; joncs et roseaux communs ; ramilles et autres marchandises forestières de ce genre.
176	Écorces d'arbres.
472	FOIN.
472	GLUE et CACHOU.
176	Liége non ouvré.
176	Lin et chanvre peignés et non peignés ; filasse et étoupes de lin et de chanvre, et déchets de lin et de chanvre.
176	Prèle et autres plantes semblables non ouvrées.
176	Rotins pour peigner à tisser et verges à l'usage des fabriques de soie.
472	Plantes fructifères et toute sorte d'arbres de jardin, herbes, semences et racines non dénommées séparément, ainsi que les oignons de fleurs.

C) PRODUITS ANIMAUX.

No	
176	Cornes et sabots de toute espèce d'animaux (sauf les cornes de cerf moulues et les cornes de poissons en morceaux), ainsi que crins de cheval, de bœuf et de vache (queues et crinières).
»	GUANO.
»	PEAUX brutes d'animaux domestiques, salées et non salées, ainsi que les peaux brutes de bêtes fauves et celles de lièvre et de lapin.
464	PEAUX de morses, de cerfs ou rennes, de veaux marins et de dauphin blanc, *importées dans les ports du gouvernement d'Archangel par les habitants des côtes de ce gouvernement*.
464	PELLETERIES ou fourrures provenant de la chasse russe et importées sur des bâtiments du pays (hormis les peaux de renards, de martres et de loutres, importées dans le gouvernement d'Archangel par les habitants des côtes de ce gouvernement).
171	Perles et coraux fines, en grains et en chapelets fils.
176	Soie de porc, non ouvrée.

SECTION 3.

Articles divers.

A) ARTICLES A L'USAGE DES SCIENCES ET DES BEAUX-ARTS.

No	
280	INSTRUMENTS D'ASTRONOMIE, y compris les télescopes et montres astronomiques.
588	THERMOMÈTRES ET BAROMÈTRES (hormis ceux montés en bronze ou avec d'autres ornements, qui payent 2 rbls la livre).

Nº	
584	VERRES OPTIQUES de toute espèce et loupes (sauf lunettes et lorgnettes) non montés ainsi que microscopes.
471	OBJETS D'ARTS, *importés par la douane de St.-Pétersbourg*, tels que : MARBRES ET BRONZES ANTIQUES, tous les ouvrages de SCULPTURE avec leurs piédestaux *ouvragés* : de même : ouvrages SCULPTÉS en ivoire ou bien en bois, en métal ou en terre cuite ; ainsi que ORNEMENTS EN MARBRE de toute espèce, comme : monuments, lampes à l'antique, vases et chambranles de cheminées (1).
472	OBJETS DE COLLECTION pour les cabinets de curiosités et d'histoire naturelle, y compris les bêtes dans de l'esprit de vin et les animaux empaillés (sauf les oiseaux de paradis) ; de même les herbes sèches, collées sur papier, et les pierres communes de toute espèce, etc.
446	TABLEAUX à l'huile et autres, exécutés sur toute matière, de même : peintures sur émail, miniatures, silhouettes et bas-reliefs sur ivoire ; lithophanies et dessins de toutes sortes (sans cadres) (2), tableaux mouvants, vues en perspective, découpées, etc., ainsi que musique en feuilles et en brochures, manuscrits, cartes géographiques et sphères (3).

B) ARTICLES A L'USAGE DES FABRIQUES, MANUFACTURES, MÉTIERS ET DU COMMERCE.

Nº	
173	ÉCHANTILLONS de différentes étoffes, lorsqu'ils ont moins d'une archine de long et qu'ils sont collés sur des feuilles, ou bien reliés en forme de livres (4).
315	Machines et modèles à l'usage de l'agriculture, des fabriques, des arts et des métiers, ainsi que machines à copier avec leurs accessoires (5).
527	Vases et instruments en platine à l'usage des fabriques et métiers, par toutes les douanes de la première classe, mais sur une autorisation préalable du département du commerce extérieur.
263	Creusets de fonte de toutes sortes, de même, vaisselle en argile fixe à l'usage des chimistes, ainsi que tuyaux pour conduits d'eau.
550	BATIMENTS DE MER de toute sorte, avec leurs agrès et apparaux (6).
451	MONNAIES (les exemplaires de —) importés pour des cabinets numismatiques.
452	» et médailles étrangères d'or, d'argent et de cuivre, hormis celles

(1) On n'admet en franchise de droits que les monuments travaillés artistement et pourvus des ornements correspondant à l'objet ; ces ornements peuvent être taillés dans le marbre même, ou bien coulés en bronze et adaptés aux monuments.

En cas de doute, si des objets importés appartiennent à la catégorie des productions d'arts, la douane de Saint-Pétersbourg est tenue d'inviter un professeur de l'Académie *Impériale* des Beaux-Arts pour en faire la vérification.

(2) En cas d'importation de tableau, estampes, etc., encadrés, on ne prélève un droit que sur les cadres.

(3) Sur la musique et les gravures reliées, ainsi que sur les boîtes en carton avec des papiers imprimés, on prélève 10 c. arg. par livre.

(4) Les échantillons ou coupons d'indiennes, de mousselines, de piqués et d'autres étoffes, ne pouvaient autrefois être importés que pour les fabricants privilégiés.

(5) Les accessoirs de machines que feront venir de l'étranger les propriétaires de filatures ou d'autres fabriques (comme ; p. ex. cylindres cannelés, cylindres de pression, fuseaux, courrois sans fin, cordons de coton pour fuseaux, ainsi que la toile en fil de cuivre pour fabriques), ne peuvent être admis en franchise de droits qu'en vertu d'une autorisation spéciale du ministre des finances.

(6) Les agrès de navires en métal, à l'usage des sujets russes qui construisent pour leur compte des bâtiments de mer sur des chantiers russes, sont admis, comme essai, *jusqu'au 4 novembre* 1851, en franchise de droits, mais sur autorisation spéciale du ministre des finances.

N°	
	de mauvais aloi, monnaies de Russie d'or et d'argent, ainsi que les anciennes de cuivre (à 10 r. 52 1/2 cop. arg. le poud.) (1).
176	Drilles et chiffons de toute sorte, ainsi que rognures de papier, de cuir et de parchemin.

A) ARTICLES A L'USAGE DE L'AGRICULTURE.

176	Charrues, herses et autres ustensiles aratoires semblables.
345	Forces à tondre les draps, forces à tondre les moutons, et lames pour pareilles forces.
472	Lymphe de brebis (pour l'inoculation).
472	Chameaux.
472	CHEVAUX, MULETS, ANES ET ANESSES (2).

D) EN OUTRE, LES ARTICLES SUIVANTS.

385	Fragments des glaces à miroir cassées en route, contenants moins de 16 verchoks carrés.
352	Moules à macaronis et vermicelle, en cuivre, importés ensemble avec les machines à macaronis.
472	Pompes à incendies.
»	Sangsues.
268	TONNELERIE (objets de —) et tonneaux en douves.
371	VAISSELLE en bois, teinte, vernis et simple, *par la frontière de Bessarabie et par les ports du Danube, de la mer Noire et de celle d'Azoff.*
269	Charpenterie (ouvrage de —) de toute sorte, ainsi que divers objets de ménage tressés en osier, tille ou bois, *importés par la frontière de terre de la Bessarabie et par les ports du Danube, de la mer Noire et de la mer d'Azoff.*

(1) Les importateurs d'ancienne monnaie de cuivre sont tenus de la rendre à la douane, contre paiement du montant.
(2) Les chevaux ne seront exempts de droits que *jusqu'à l'année* 1853.

VI.

Nº	

SECTION 1.

Matières alimentaires.

7	CHAMPIGNONS secs (1).
35	EAU-DE-VIE et esprit de grains édulcorés ou non édulcorés.
40	Bière, hydromel et vin de cerises, importés *en futailles*.
63	SEL DE CUISINE importé par mer dans le port d'Odessa et autres ports de la mer Noire, d'Azoff et du Danube, ainsi que *par terre* dans le royaume de Pologne.
25	SUCRE raffiné, mélis, lump et sucre candi, en pains, en morceaux et pilé.
88	THÉ de toute sorte.
90	Toutes les matières alimentaires importées dans des vases hermétiquement fermés (hormis celles qui arrivent dans de pareils vases transparents en verre, lesquelles payent un droit de 6 rbls. par poud).

SECTION 2.

Matières premières.

157	FER forgé en verges et en barres plate et carrées, ainsi que le FER DE FONTE en barres et en pièces brisées, importés *par mer*.
181	NITRE purifié.
460	PEAUX de castors, de loutres, d'avortons, de martres zibélines, de chats de mer, de chien de mer et de veaux marins.

SECTION 3.

Produits des fabriques et des métiers.

381	Alumettes chimiques de toute espèce (2).
259	Poids et pesons de Russie.
213	FEUILLES IMPRIMÉS pour connaissements et autres titres, qui se rédigent d'une manière uniforme.
565	Matelats et coussins rembourrés de laine, de coton, de crin, de plumes et de duvet (hormis ceux importés pas les voyageurs arrivant en Russie).
346	Fusils à vent et autres armes à feu agissant sans poudre, ainsi que les cannes à épées, à poignards et autres armes.
350	Munitions de guerre en fer de fonte et en fer, comme : canons, mortiers, boulets, bombes, etc., et poudre à canon de toute sorte.
325	Décorations et croix d'ordres russes.
325	Objets en or et en argent n'ayant pas les degrés d'alliage voulus par la loi.

(1) Dans le royaume de Pologne l'importation des champignons secs est admise sur une autorisation spéciale du Lieutenant de l'EMPEREUR, contre paiement d'un droit de 40 cop. par poud.

(2) Les briquets chimiques dans des boites, étuis ou autres enveloppes, sont admis à l'importation à raison d'un droit de 40 cop. la livre, et ceux dans des enveloppes ornées de bronze ou d'autre manière, à raison d'un droit de 2 rbls. la livre.

SECTION 4.

Articles divers.

No	
439	BILLETS de crédit de Russie et du trésor de l'Empire.
	» de la banque polonaise (hormis ceux importés par les douanes du royaume de Pologne).
440	BILLETS de loteries étrangères et billets de la loterie de Varsovie (ceux-ci ne sont admis à l'importation que par les douanes du royaume de Pologne).
441	ETOFFES, parures et tout autre objet avec des emblèmes sacrés, de même images des Saints (1).
451	MONNAIE nouvelle en cuivre, de Russie, et monnaies étrangères de mauvais aloi, ainsi que les monnaies connues sous les noms de billons, berlinki, zvelver et ditken.
69	TABAC importé par les douanes du royaume de Pologne sans autorisation spéciale de la Commission des Finances.

(1) Les mêmes objets, ainsi que les vases sacrés, etc., destinés pour les églises catholiques, peuvent être importés par les douanes du royaume de Pologne, sur une autorisation spéciale du Gouvernement et contre paiement des droits respectifs de chaque objet.

B. MARCHANDISES D'EXPORTATION.

REMARQUES GÉNÉRALES.

A) Toutes les marchandises non dénommées spécialement ci-dessous, peuvent être exportées en franchise de droits, tant de l'Empire que du Royaume de Pologne.

b) Outre les droits fixés par le tarif, nul autre impôt n'est prélevé sur les marchandises d'exportation, à l'exception toutefois des impôts établis en faveur de quelques villes et localités, pour lesquels ils existent des règlements particuliers et sauf le droit perçu dans le Royaume de Pologne, d'après un tarif spécial au profit des voies fluviales et de terre.

I.

LISTE DES MARCHANDISES D'EXPORTATION, QUI D'APRÈS LE NOUVEAU TARIF RESTENT IMPOSÉES DES DROITS DE SORTIE.

Nos d'après le tarif.	DÉNOMINATION DES MARCHANDISES.		DROITS de sortie.	
			R bl.	C.
	SECTION 1.			
	Matières alimentaires.			
26	BLÉ. — Seigle, avoine, maïs et orge, *par mer* . . .	letchetvert	»	5
	» froment, *par mer*	»	»	7
5	CAVIAR (hormis le caviar de sandat), *par mer*	le poud.	»	20
	SECTION 2.			
	Matières premières.			
	A) SUBSTANCES MIMÉRALES.			
14	CUIVRE jaune et vert, en barres, en carreaux, en feuilles, en bâtons, en morceaux brisés et en limaille . . .	le berkov.	»	10
17	POTASSE, PERLASSE ET VÉDASSE.	»	»	55
	B) PRODUITS VÉGÉTAUX.			
9	LIN ET CHANVRE (marchandises en), lin non peigné et peigné	»	»	85
10	filasse et étoupes de lin, et déchets de lin, *par mer*.	»	»	50
	» » » *par terre*.	»	»	24
11	chanvre non peigné et peigné.	»	»	55
12	étoupes et déchets de chanvre, *par mer*.	»	»	52
	» » *par terre*	»	»	24
22	Semence de lin : *par mer*	letchetvert	»	28
	» *par terre*.	»	»	14

Nos d'après le tarif.	DÉNOMINATION DES MARCHANDISES.		DROITS de sortie.	
			Rbl.	C.
23	Semence de chanvre (chènevis) : *par mer*	le tchetvert	»	17
	» » *par terre*	»	»	13
	C) PRODUITS ANIMAUX.			
1	CIRE jaune non ouvrée	le poud.	»	55
2	» blanche et rouge non ouvrée	»	»	38
6	COLLE DE POISSONS, savoir : d'estourgeon, de béluga, de sévruga et de sterlet, en feuilles et en morceaux	»	1	25
3	CRINIÈRES de chevaux, non ouvrées *par mer*	le berkov.	»	75
7	CUIRES bruts d'animaux domestiques et de bêtes fauves : *par les ports de la Baltique, de la mer Blanche et par terre*	le poud.	»	80
	par le port de Liban	»	»	60
27	PEAUX de loups, de loups-cerviers, de renards et autres non dénommées spécialement (1), ainsi que celles de mouton teintes et d'Angora	»	»	10
	peau de lièvres et de lapins, brutes	»	1	»
16	PLUMES à écrire non épluchées	»	»	13
25	QUEUES de chevaux, *par mer*	»	»	75
28	SOIE DE PORC : *par mer*	»	»	15
	» *par terre*	»	»	8
20	SUIF de toute sorte	le berkov.	1	10

SECTION 3.

Articles divers.

Nos d'après le tarif.	DÉNOMINATION DES MARCHANDISES.		DROITS de sortie.	
21	BÉTAILS : taureaux, bœufs, vaches, buffles et génisses (2)	par tête	»	50
24	CHIFFONS de toute sorte : *par les ports de la Baltique et de la mer Blanche, et par terre*	le poud.	»	60
	par les ports de la mer Noire, de celle d'Azoff et du Danube	»	»	20
18	NATTES simples et doubles	la pièce	»	3
	» à Archangel et à Onéga	les 4 pièces	»	1
15	Rognures de papier	le poud.	»	20

(1) Dans le tarif sont dénommés comme exempts de droits de sortie les peaux : de castors, de loutres, d'avortons, de martres zibelines, de chats de mer, de chiens de mer et de veau marins.

(2) Les vaches expédiées à l'étranger de la Bessarabie, passent franches de droits.

II.

No	
1	Anes et ânesses, mulets et chameaux.
2	Avelanedes (cupules de glands de chêne).
3	Cendre de bois non lessivée.
4	Email en pains et en poudre, sauf l'émail bleu en poudre.
5	Minerais de fer et de cuivre.
6	Rognures de cuir, ainsi que des chiffons de toute sorte.

III.

LISTE DES ARTICLES DONT L'EXPORTATION EST PROHIBÉE (1).

No	
1	BILLETS de crédit de Russie, billets du trésor de l'Empire et billets de loteries étrangères (hormis les billets de la banque polonaise et les billets de la loterie de Varsovie, lesquels sont admis à l'exportation par les douanes du royaume de Pologne.
2	ECORCES de chêne, de sapin rouge, de bouleau, d'orme et autres.
3	HUILE DE BOULEAU.
4	MINERAI de fer, *par les douanes du royaume de Pologne.*
5	SANGSUES (pour six ans).

(1) En vertu de l'oukase promulgué le 1 janvier de l'année courante, l'EXPORTATION à l'étranger de l'ARGENT, tant en lingots que monnayé, soit par mer, soit par terre, EST PROHIBÉE jusqu'à nouvel ordre dans tout l'Empire, dans le royaume de Pologne et dans le G. D. de Finlande; mais l'importation de ce métal, de même que l'importation et l'exportation de l'or, monnayé ou en lingots, demeurent permises comme par le passé.

Les capitaines de navires, rouliers et en général tous individus partant pour l'étranger, peuvent emporter pour 15 rbls. d'argent monnayé par individu soit en monnaies russes, soit en monnaies étrangères, mais sont tenus d'en faire la déclaration à la douane. L'exportation frauduleuse de l'argent en lingots ou monnayé, est frappée, outre la confiscation, d'une amende double de sa valeur.

FIN.

IMPRIMERIE D'AUBUSSON ET KUGELMANN,
7, RUE FEYDEAU, A PARIS